जलसा

Celebrate Life

Abhimanyu Chandravanshi

BookLeaf Publishing
India | USA | UK

Made with ❤ on the BookLeaf Publishing Platform
www.bookleafpub.in
www.bookleafpub.com

Dedication

I once read, "If God is the creator, then creativity is a profound form of worship."

To the Creator, the Creation, and Creativity.

To Shri Priyatam Chandravanshi aka Bandhu Ji (Dada Ji) —my late grandfather and an educationist in the truest sense of the word. As a kid, every year, he would pedal me on his bicycle to the much-awaited annual Russian book exhibition. While securing the huge pile of books on the carrier, he would look at me and smile. I knew we were going back on foot.

To Shri Bhartendu Chandravanshi (Chacha Ji), my late uncle, who had a deep affinity for Hindi and Russian literature. Our frequent discussions about the legendary and timeless works of stalwarts—especially his personal favorites, Bachchan, Dinkar, and Maithilisharan Gupt—and solving the local newspaper's crossword together will always remain inseparable parts down my memory lane.

To Shri Gautam Mukhopadhyay (Phupha Ji), my late uncle, whose early gifts of children's classics opened the doors to the wondrous world of English literature for me. Years later, during a summer vacation that I spent with him at IIT Mumbai, where he was a professor, *'A Brief History of Time'* and *'Chariots of thc Gods'* in his study compelled me to look up into the familiar night sky, but for the first time... with wonder!

Preface

I am neither a writer nor a poet by trade. I am simply someone who adores art in every form. I never sit down with the intention of penning a verse; instead, poetry happens to me. An observation, an experience, a fleeting insight, or a casual conversation—anything can act as a catalyst, though I can never predict when. The timing remains a beautiful mystery.

Within these pages is a collection of those unpredictable moments. Because these moments came unannounced, they also arrived without linguistic boundaries. Some chose Hindi as their voice, while others found their natural home in English. I leave my poems untitled, but this compilation gave me a chance to name them. Titles were added later, during the reflection process. So were preludes and footnotes, wherever they appear. I also had the distinct pleasure of designing the book's cover.

Most importantly, I would like you to know that I never planned to have these poems published. However, when an opportunity presented itself, I took the leap—purely for the love of the smell of ink, and to turn this privilege into a humble channel to give back to society, and thus to existence itself, from which everything, including these verses, has flowed. I invite you to experience these verses just as they came to me... raw, spontaneous, and close to the heart.

Abhimanyu Chandravanshi

Acknowledgements

My sincere thanks to 'BookLeaf Publishing' not only for the opportunity to have my writings published but also for giving me such open creative freedom.

I cannot thank them enough—the people who kept encouraging me and insisting that I publish a book.

Abhimanyu Chandravanshi

1. 'Umang'

फूल किसके लिए खिलते हैं? किसलिए खिलते हैं? प्रकृति में फूल हैं हीं क्यों? मुझे तो कोई वजह नहीं जान पड़ती। हाँ, इतना ज़रूर जानता हूँ कि वो ना सिर्फ़ हैं बल्कि कोई सजा-सँवरा बगीचा हो, या कोई बियाँबान निर्जन जगह, कोई देखने वाला हो या ना हो, वो खिलते हैं, महकते हैं। फूल का खिलना, महकना, मेरे या आपके उस पर ध्यान जाने पर निर्भर नहीं है। हाँ, ये अलग बात है कि खिले हुए, महकते हुए फूल पर हमारा ध्यान चला जाता है, भँवरे और तितलियाँ चले आते हैं; लेकिन फूल को उससे कोई प्रसंग नहीं। खिलना, महकना फूल की प्रवृत्ति है, स्वभाव है उसका।

स्वयं के ख़ुश रहने के लिए यदि जगहों पर, परिस्थितियों पर, वस्तुओं पर, दूसरों पर निर्भरता हो तो किसी भी जगह, किसी भी परिस्थिति में, कुछ भी होते हुए, किसी के भी साथ, कोई ज़्यादा समय तक ख़ुश नहीं रहा जा सकता; क्योंकि समय के साथ बुखार या तो उतर जाता है या जान ले लेता है, टिकता कभी नहीं है। प्रसन्नता, शान्ति, हास्य-विनोद, प्रेम आदि कोई भाव नहीं हैं, स्वभाव हैं। या यूँ कह लें कि बस सतह पर हलचल मचाए और फिर कुछ समय बाद भाप बन कर उड़ जाए तो भाव... तरंग; और यदि उसके होने की वजह सतह के ऊपर बहती हवाएँ ना हो, वो गहराई में स्पंदित हो, वहाँ थिरकता रहे तो स्वभाव... उमंग!

Life, a strange phenomenon
One day you happen, suddenly abandon
A few days' journey, an overnight station
Is there time for imitation?
Not that nothing ever came about
With a craving to bring something else about
Oh boy! What good is that toy
When you keep postponing your joy

Merry-go-round has no destination
Each day is a celebration
It is not about racing all the way
But savoring also what is on the way
Hurry and worry keep the mirror blurry
You go past everything in a flurry
Take significance, flower has fragrance
You are your presence, don't miss the essence

Surface is all about restless waves
Life flourishes at the tranquil base
If you are wise, know life plays dice
Melt into it, relish every spice
Love, without expectation
Laugh, have no reservation
Why hesitation? Weep
Dive deep!

For whom do birds sing?
They overflow with zing
Sing your song, paint your hue
Before you are gone like morning dew
All that you could, do the way you would
Play, play solo if you should
Don't sit on the fence; live, live intense
Let the candle of life burn from both ends

2. दोस्त

जब सन्नाटे रातों के, उतर जाते पेड़ों पे
परबत भी आँखें मूँदें, बनती हो ओस की बूँदें
ठिठुरें पत्ते
और सोते नीड़ों में पाखी सिकुड़े से

तब, दूर क्षितिज में, सागर की लहरों पे
उठाए सुराहीदार गर्दन, फैलाए पंख बिजली से
उड़ता वो हंस एकाकी
बतियाता धुली चाँदनी से

3. नूर

इबादत शुक्रिया है, इल्तिजा नहीं
तेरा सर झुकाना बेजा नहीं
परस्तिश में हो तेरा शुकराना, ख़्वाहिशों से वो बेहाल है
मुहब्बत में उसकी हो तेरी शिद्दत, ख़ुशामदों से वो बेज़ार है

ना हो सुकूँ तो शहंशाही भी सज़ा है
मन्नतें भली, मुरादें भी अच्छी, कभी वो भी होने दे जो उसकी रज़ा है
आज ज़िन्दगी तो कल कज़ा है
प्याला पूरा पिया नहीं, सुरूर होने दिया नहीं, बस यूँ ही कह दिया –
इसमें क्या मज़ा है?

रहगुज़र में कहीं न रोड़ा, ग़ुरूर हर सू तेरा ही खड़ा,
वो उस दीवार से लाचार है
मेरे अज़ीज़! बादशाही ताज नहीं मिज़ाज है
दूर ज़हन की क़ैद से, तख़्त के तहख़ाने से,
ठंडी मिट्टी में लेट कभी देख फ़लक के दीयों को
वो मिलने को बेताब है

*बेजा - व्यर्थ, परस्तिश - पूजा, बेज़ार - परेशान, कज़ा - मृत्यु, सू - दिशा, ज़हन - मन, फ़लक - आसमान, बेताब - बेसब्र

4. 'Leelaa' – A Play

What is serious in nature? In my observation, absolutely nothing. Only humans have taken it upon themselves to be serious. We demand everything in life to make sense. Not that there is anything wrong with that per se... we are simply heavy creatures in a light world. Though I do wonder, if being sincere is not enough, can anything else ever be?

"Play to win", they holler
Would that be a play? I ponder
Playing is for fun, coins just turn
Show me the one who has always won

Sometimes heads
Sometimes tails
To no avail man broods and wails
Alas! Never listens to nature's tales

Seriousness is dis-ease
Does disease ever put at ease?
Sincerity is key!
With glee puts you on a spree

Seriousness is cloudy, it dooms
Sincerity is clarity, thus croons
Seriousness is hardened clay
Sincerity is porous, knows life only as a play

Seriousness depends on the other—something, somebody
How blind! What if not rife—despondency!
Sincerity leans on me—my own reflection
My mind, my life is my own cultivation

Life, work, or play
Why be serious? Isn't that tedious?
Keep it simply sincere
And leap through the fire

5. उत्तरायण (संक्रांति)

नन्हे हाथों में उमंगों की पतंगें
नन्हे पैरों में पतंगों की उमंगें
हो चपलता अंगों में
औ' फूटे चंचलता ढंगों में
हो धरती अम्बर, या सागर की तरंगों में
दुनिया खिल जाती कितने रंगों में

6. फिर देखिए

चकरी – मेरी बेटी। जब बहुत छोटी थी तब बिस्तर पर औंधे मुँह पड़ी पेट के बल गोल-गोल घूमती रहती थी, सो घर पर यही नाम पड़ गया। पेंटिंग का बड़ा शौक है उसे। इस्तेमाल करे या ना करे खरीदती सब है नानी – शीट्स, बोर्ड, कैनवस, स्टैंड, क्रेयोन्स, पेंसिल-कलर, वॉटर-कलर, पोस्टर-कलर, ऑयल-कलर, तरह-तरह के ब्रश... सब कुछ! उसके स्कूल में कल चिल्ड्रन्स-डे का फंक्शन है, जिसमें पेंटिंग-एक्ज़िबिशन भी लगनी है। आज स्कूल से लौटते ही अपने कमरे में सारे सामान की दुकान खोल कर जुट गई। थोड़ी देर बाद कमरे से निकली, शीट ले कर उड़ती आई और मेरे सामने रख दी। अरे वाह! ये तो बहुSSSSSत अच्छा है – मैंने उससे कहा। वो मुस्का कर बोली – बताओ मैंने क्या बनाया है? अब मैंने ग़ौर से देखा... और देखता रहा! वो अपना नन्हा हाथ अपने सिर पर रख कर बोली – ओफ़्फ़ो! अच्छा ईज़ी करती हूँ, बताओ बर्ड है या एरोप्लेन? अब तो मैंने शीट पलट कर भी देखी। मुझे चुप देख वो अपने दोनों हाथ झाड़ कर ज़ोर से हँसी – अरे बाबा एरोप्लेन है! और हँसते-हँसते ही अपना एक हाथ उठा कर हथेली मेरी तरफ कर बोली – आप मेरे स्कूल मत आना, आप कुछ नहीं जानते।

मिट्टी में खेलते हैं, खेलने दीजिए
फ़र्श पर सोते हैं, सोने दीजिए
उन्हें ज़मीन से जुड़ने दीजिए
फिर देखिए

बारिश में भीगते हैं, भीगने दीजिए
पेड़ पर चढ़ते हैं? चढ़ने दीजिए
उन्हें खुलने दीजिए
फिर देखिए

भागते हैं, भागने दीजिए
गिरते हैं, गिरने दीजिए
रुकिए! उन्हें उठने की कोशिश तो करने दीजिए!
फिर देखिए

फूल सूँघे हैरान हो, रंग देखे मुस्कान हो
मत कहिये – ये गुलाब है, ये लाल है
उन्हें उसमें घुलने दीजिए
फिर देखिए

पहाड़ों पर ले जाइए, जंगलों में घुमाइए, झरनों में नहलाइए
दूर हैं? वो पार्क तो पास है!
वहाँ तक ही हो आइए
फिर देखिए

समय नहीं? किसके पास है? निकालना पड़ता है
मुफ़्त कुछ नहीं, कुछ खोना पड़ता है

कुछ खोइए, कुछ पाइए
फिर देखिए

"मुझे नहीं मिला, मेरे बच्चों को सब मिले"
आपको ज़हर नहीं मिला, क्या उन्हें वो भी मिले?
हमेशा बस पुचकार नहीं कभी फटकार भी दीजिए
फिर देखिए

छोटे हैं?
नहीं, अभी हाथ में फ़ोन नहीं
किताब, गिटार, ब्रश, कोई खेल दीजिए
फिर देखिए

लगाइए गमले में एक पौधा, लाइए वो प्यारा-सा पिल्ला
"इसे तुम सँभालोगे"
चीज़ों से पहले ज़िम्मेदारी दीजिए
फिर देखिए

7. ना काहू से दोस्ती ना काहू से बैर

पोथी खोले माला फेरे, ढूँढे पंडित कारागार में
और मौलवी रहा पुकार चढ़ ऊँची मीनार में
मैं दीवाना दूर से देखूँ सबको खड़ा कतार में
इसकी मन्नत उसको जन्नत,
लग रही बढ़-बढ़ कर बोली ख़्वाहिशों के बाज़ार में

वो कहते मुझसे – तू बावरा, तू काफ़िर,
तू क्या जाने अल्लाह औ' भगवान में?
मैं मुस्काता चुप ही रहता,
ख़ामोशी है बेश-बहा आवाज़ों के बाज़ार में

हँसी-मुसर्रत मेरी पूजा, मैं अपने रब का बंदा
तस्वीरों में हरदम देखा अब उलझन में पड़ता
पूजा तेरी है इबादत? या बस डर रिश्वत का फंदा?
जब मुस्काते भगवान हैं सारे तो क्यों तेरा चेहरा संजीदा?

ना मंतर जाने ना पढ़े आयतें, मासूमियत सबसे आला
कल-परसों की बात ना जाने वो तो बस अब की बाला
ना चाँदी के सिक्के, ना पूजा का थाला
मुस्काते बस देख रही भोग चढ़ा बर्फी का प्याला

*बेश-बहा - अनमोल, मुसर्रत - ख़ुशी, संजीदा - गंभीर

8. गैल्विन एंड गॉब्स

आज मिला मुझको इक चीता
मन टटोलता, कुछ था सोचता
जो मैंने पूछा – क्या नापता, क्यों लापता?
तो वो बोला – अजी तुम क्या जानो चीते की चिंता!

इसे सुबह, उसे शाम की चिंता
यहाँ कमीशन वहाँ प्रमोशन की चिंता
रिश्तों की चिंता, किश्तों की चिंता
सबको इमोशन की चिंता

रोटी की चिंता, प्रॉपर्टी की चिंता
मिस्टर को गाड़ी मैडम को साड़ी की चिंता
दिल की चिंता, बिल की चिंता
क्या मैं भी काबिल? पल-पल ये चिंता

इसको बीवी, उसको शौहर की चिंता
दोनों को बच्चों की चिंता
अरसा बीते, फिर छाती चिंता
उनको नहीं हमारी चिंता

बघीरा कहता चिता है चिंता!
पर मन बावरा कब है सुनता?
जो गोल घूमता, कहाँ पहुँचता?
पर मन अँधा बन दौड़ा जाता

मैं अब उसको सहलाता
"इस सब में तेरी क्या चिंता?"
वो झेंपता, आँखें मिचकाता
"मुझको खाए जाती चिंता, मुझको क्यों ना कोई भी चिंता?"

*बघीरा - 'जंगल बुक' कहानी में मुख्य पात्र 'मोगली' का मार्ग-दर्शन करने वाला ब्लैक-पैंथर

*Dedicated to the timeless duo, Calvin and Hobbes, and their creator, Bill Watterson.

9. Inner Space

A world is outside
Another inside
What you imbibe is your vibe
Mind–is the staff of life

Ruminations aside
What you behold, what you hold
What you hear, what you bear
All is getting impressed inside

10. मूक अनुबंध

Turn about. All answers are within, none without.

ये भी हो, वो भी हो
अभी हो, यहीं हो
जगह ऐसी ढूँढी बहुत
बस कभी पहुँचे नहीं

जो भी है, जैसा भी है
कोई वजह होगी
वजह ना हो ये हो सकता नहीं
बस ख़ुद में कभी कुरेदी नहीं

पसंद नहीं? बदल सकते हैं?
तो बदलते क्यों नहीं?
बदल नहीं सकते?
बस स्वीकार भी कर सकते नहीं

ख़ामियाँ बाहर ही दिखीं
ईमानदारी ख़ुद की मजबूरियों से रखी नहीं
कोई ज़रूरत तो ख़ुद की भी होगी
बस मान ये सकते नहीं

11. Let Love Be Love

At its core, what else truly is love if not the effortless sharing of joy? Yet, look around at what we build in its name... possessiveness, dependence, ego, manipulation, control... If this is the monument we call love, I wonder... what does its true absence feel like?

I am not here to fulfill your expectations
You are not here to fulfill mine
With that, if we can be together—divine!
If not, you sing your song, I will sing mine

If it gives you anguish
Know, and know for sure my love
It is anything but love
For to love is to flourish

Love is a benediction, not addiction
What has it got to do with possession?
Love is flying freedom, it is to blossom
How on earth can it rock you to bottom?

Why freeze that which is a fresh breeze?
Enclosed; it will only go stale,

all that is green will turn pale

Let it come, let it go
Flow! More is waiting to follow

Love is not dependence
It is sublime presence
Every flower someday withers
Love is the fragrance that lingers

Love is within each of us
Without are only triggers
Do we allow love to burst and bloom?
The question never is who loves whom

Dictionaries are wrong, so are those sad songs
Love is not a verb, doing is killing
It's a quality, a way of living
Be love, be giving, that only is fulfilling

You ask if I miss you while away
I do not, for I can kiss you from miles away
I am in love with love—through you, thank you!
This is my joy—with you, without you

Are you here forever? Am I?
In the end neither matter you nor I
All that counts is if we could fly

On the wings of love, my love, how high?

Committed to love let us be
For who you are and me?
Everything is a door to love
And the doors are so many

12. बेड़ियाँ

"The sculpture is already there within the marble block. I just have to chisel away the superfluous material."

– Michelangelo

व्यक्ति, वस्तु, या विचार
बंधन जीवन की पीड़ा है
पर किसने किसको पकड़ा है?
तूने जो भी पकड़ा है, उसी ने तुझको जकड़ा है

जो तुझसे ना छूटे बनता
वो ही तुझको छनता है
जो आता है आने दे, जो जाता है जाने दे
फिर काहे का रगड़ा है?

हाँ, मन घोड़ा तो तगड़ा है
पर घोड़ा तेरा या तू घोड़े का है?
ना व्यक्ति, ना वस्तु, ना विचार
मन जीवन की पीड़ा है

13. Face Your Fears

Life is for living
Your joy is your only earning
See! What you are chasing is changing
Your every clinging is fleeting

Why clutch the rail?
Oh you will not derail
The purpose of life is to live!
Breaths are not on-sale

The music won't last forever
Is there anything to wail?
Set out, just be, sail
And see every fear fail

14. Amity

They come and they go
Some fast, some slow
Some shallow, some hollow
Some give joy, some sorrow

Those who cause your flow
To them you owe
For like a rainbow
They make life aglow

15. उड़ान

झील किनारे मैं अपनी उधेड़बुन में लगा था। अचानक मेरे चेहरे पर पानी के छींटे उड़ाते, और अपने उसी हाथ को आसमान की ओर ले जाते, वो जलपरी ऐसा कह गई। आपने कभी देखी?

इंसान!
उसे छोड़ने हैं पैरों के निशान
बनाना है इतिहास में स्थान
इसीलिए उधड़ता है

और एक वो! पंख उघाड़े फिरता है
नहीं छोड़ता कोई निशान
बस अब में ही उसका ध्यान
इसीलिए तो उड़ता है

16. Bird on the Wing

Strident days are world's appeal
Silent nights are my steal
When worlds reel
I go, touch the steel
As I take the wheel
Alive! That's how I feel

17. मुसाफ़िर

किनारे रास्तों के खिलते हैं कभी फूल
देख लेना, महक लेना, रम जाना नहीं
होते हैं आँधियों के थपेड़े भी, उड़ती है धूल
संभल लेना, झटक देना, थम जाना नहीं

जो रोते दूजे कंधों पर सर रख
वो मंज़िलें छू पाते नहीं
पल मिलते हैं गिनती के
दे दस्तक मौत आती नहीं

रास्ते बदले जा सकते हैं मंज़िलें नहीं
मायने मंज़िलें रखती हैं रास्ते नहीं
हर पल, दो पलों को जोड़ता पुल है
पुल, पार जाने को हैं, घर बनाने को नहीं

18. ख़ामोशी

"When I am silent, I fall into the place where everything is music"

– Rumi

ज़िंदगी तो गजर की बात है, उसे पी लेना नज़र की
पल तो गुज़रने की बात है, उसे जी लेना हुनर की

गुल बस रंग नहीं मुश्क़ भी तो है
इश्क़ बस आशिक़ी नहीं मौसिक़ी भी तो है

साँस भी इक साज़ है, ये ने'मत बेशुमार है
हों जश्न और घुलें रंग, ख़ामोशी भी अंदाज़ है

शेख़! त'आरुफ़ तूने किया नहीं या ख़ुदा तेरा मसरूफ़ है
मेरे ख़ुदा को इल्म है ख़ामोशी भी अलफ़ाज़ हैं

*गजर - पुराने दिनों में समय बताने के लिए बजाए जाने वाले घंटे, गुल - फूल, मुश्क़ - ख़ुशबू, मौसिक़ी - संगीत, ने'मत - कृपा, त'आरुफ़ - परिचय, मसरूफ़ - व्यस्त, इल्म - जानकारी, अलफ़ाज़ - शब्द

19. फ़ुर्सत के रात दिन

Words make sentences; notes make symphonies. Is that all? Wouldn't sentences be unfathomable clutter without spaces? Wouldn't a symphony be raucous noise without pauses? Meaning, like life, resides in the intervals. What is this fleeting life, but the beautiful, echoing silence between the beats... the quiet breath between the words?

ज्यों ठंडक ढल जाती गर्माहट में
तय तेरा जाना तेरे आने की आहट में

मसरूफ़ियत रोज़-ओ-शब की दस्तूर सही
थोड़ा जी भी ले, जिंदगी से बेहतर सुरूर नहीं

*रोज़-ओ-शब - दिन और रात

20. रूबरू

स्कूल-कॉलेज के दिनों की बात ही अलग होती है। जब वहाँ होते हैं तो अगले हम ही होते हैं – बिल गेट्स, स्टीव जॉब्स, धीरुभाई अंबानी, पिकासो, एल्विस, मोहम्मद रफ़ी, किशोर कुमार, सचिन तेंदुलकर, अमिताभ बच्चन आदि-इत्यादि। देखिए आपकी गर्दन भी सहमति में हिल रही है। नहीं? भाभी पास ही बैठी होंगी।

"कुछ नहीं" से कुछ न होता
कुछ करने से है कुछ होता
फिर कुछ-कुछ होता, या बहुत कुछ
पर कुछ-न-कुछ तो है होता

पंछी बावरा, हो अकेला तो भी उड़ता
लगा वॉक-मैन मैक-वन उड़ाता
कोई कहे न्यारा कोई नकारा
दो बूढ़ों की आँखों का तारा, ख़ुद को अमिताभ समझता

ना ऊधो का लेना ना माधो का देना, घंटों सुनता 'सारा ज़माना'
कमरे में म्यूज़िक का हल्ला, कहे मोहल्ला – लो! बिगड़ गया लल्ला
दादा ने फिर माथा पीटा
और टोके दादी चिल्ला-चिल्ला – अब बंद कर देवता!

अरसा बीता, हाल तो अब भी लगभग वैसा
गर कोई घर पूछे पता तो यही है सुनता –

क्या पता? होगा पहाड़ों में स्याही घोलता
गुनगुनाता गाड़ी दौड़ाता

आलिम फ़ाज़िल कहते मुझसे –
अब लग गया चश्मा
फिर क्यों देता है ऐसे सदमा?
इसमें कुछ ना मिलता

क्यों क़त्ल करते हैं साहब? इसमें मैं मुझसे हूँ मिलता
परिंदों की परवाज़ में हूँ मैं सुनता –
ख़ुशी का नहीं कोई रास्ता, ख़ुशी ही तो रास्ता
खुल कर ख़ुद से मिलने में वक़्त ज़ाया नहीं होता

*रूबरू - आमने सामने, आलिम/फ़ाज़िल - बहुत पढ़े-लिखे, परवाज़ - उड़ान, ज़ाया - व्यर्थ

*I often asked those who had just entered the workforce what they did over the weekend... and more often than not, their response was "kuch nahin".

21. वैलेंटाइन्स-डे और एंथोनी गोंसाल्वेस

आज जम रही इश्क़-ए-दीवाली
उड़ते दिल, अँखियों की दुनाली

टी-शर्ट लोअर किये इस्त्री
सूरत भी थोड़ी चमका ली
कंधे पर डाली सफला-हेल्थी-हार्ट छाप थैली
देखा आईना, और किए कूच जनाब-ए-आली

शॉपर्स-स्पॉट की वो काउंटर वाली
आँखें मटकाती, बोली मतवाली –
सेल उधर है, यहाँ महँगा है
कार है आपके पास? या ताँगा है?

ख़ातून! इस मासूम को तो गडोलिया भी चलता है
चुराने वाला सेक्शन यहाँ कहाँ पड़ता है?

*Valentine's Day. A red light stop by Shoppers Stop. A stranger passing by holding a Saffola jar. Later, driving home, that cult song on the radio.

22. चश्म-ए-बद-दूर

अहाते में केन की कुर्सी पर बैठी, चाय की चुस्कियाँ मारती,
और मुझे जी भर कर कोसती श्रीमती जी की खीझ में भी
अब रोमांस सुनाई देता है
साहबज़ादे का हेलमेट लिए बिना घर से निकल जाना
गर एक सिरहन सी दौड़ा जाता है, तो बिटिया का बॉय-कट,
कभी-कभी, मन ही मन ख़लता है

दफ़्तर से सीधा घर ही आता हूँ
अब सिगरेट के धुएँ से छल्ले बनाना भी कोई हुनर नहीं,
बेवकूफ़ी का नमूना सा ही लगता है

शोर-शराबे से दूर ही भाता है
टेलीफ़ोन पर ही सही, पुराना याराना बेहतर सुकून देता है

आज कमरे की गर्द झाड़ते पुरानी मेज़ की दराज़ पर नज़र अटकी
मेरा वो सेलिब्रिटी सिल्वर-मिरर एविएटर,
अब कमबख़्त नज़दीक की नज़र का चश्मा हो गया है

*These were the first poetic lines that ever occurred to me. It was my late twenties, the day I bought a pair of my much coveted silver-mirror Ray-Ban aviators.

23. रुद्र

तू पकड़े बैठा अपनी मैं को
तू है कौन? क्या कुछ था कभी?

मैं पुरुष, मैं प्रकृति
मैं कर्ता मैं ही कृति
तू बुलबुला बन उभरा था जिसमें उस गर्भ का आकाश मैं
तैर रहा था जिसमें तन्मय उस गर्भ का सागर भी मैं

सृष्टि का पहला नाद मैं
हर नाद की आवाज़ मैं
प्रसव-वेदना और माँ का क्रन्दन
जो रोया था तू वो रुदन भी मैं

बन छाती से दूध उतर मैं ही दौड़ूँ बन लहू रगों में
आहार में, विहार में
मैं दृश्य मैं ही दृष्टा
रहता मैं ही हूँ तेरे दृगों में

तेज ब्रह्म का, शिव की रात हूँ मैं, आरंभ योग का, वेदांत भी मैं
सिया का राम, राधा का श्याम, ख़ैयाम की जान-ए-हयात मैं
रूमी की आशिक़ी, मीरा की मौसिक़ी, 'रुबायत' की शराब मैं
सांख्य ज्ञान, भैरव विज्ञान, हूँ 'मधुशाला', साक़ी, औ' पीनेवाला भी मैं

वायु मैं! इतराता तू जिन साँसों पर, उधार हैं मेरी! ले लूँ अभी?

चढ़ेगा जिस चिता पर, याद तो है ना? वो अग्नि मेरी
बन राख मिलेगा मुझमें ही तो, मिट्टी मेरी
फेंका जाएगा फिर जिसमें, हाँ! वो गंगा भी मेरी

तत्व मैं, सत्व मैं, अस्तित्व मैं, बस मैं!
तू रोता जब टूटे सपनों पर हँसती लावण्या पार्वती
मैं चैतन्य मैं ही चेतना
तू है बस कल्पना मेरी

तेरा अहम् तेरा वहम, कहता जिसे तू ज़िंदगी तेरी
पानी पर खींची एक लकीर है मेरी

24. जलसा जल सा

आँख खुल गई। अच्छा सपना देख रहा था। सपना? लेकिन उस समय तो वही सच था। ना सिर्फ़ सच था बल्कि सिर्फ़ वही था। और तो और, मैं उसमें सब कुछ महसूस भी कर रहा था, ठीक वैसे ही जैसे जागते हुए करता हूँ – भावों की अनुभूति में कोई फ़र्क नहीं था। लेकिन अगर मैं महसूस कर रहा था तो मुझे ये भी तो पता होना चाहिए था कि मैं तो सो रहा हूँ, और जो देख रहा हूँ वो सच नहीं बस एक सपना है। पर तब तो ऐसा नहीं हुआ। वो तो बाद में, जागने पर मालूम हुआ। अगर कभी ऐसा हुआ कि ऐसा जान पड़ा कि जो अब तक देखता आया हूँ, जिसमें उलझता आया हूँ, कभी हँसता तो कभी रोता आया हूँ, जिस भागम-भाग में ख़ुद को खोता आया हूँ... वो सब भी सपने जैसा था... तो?

कहीं है सच, कहीं है सपना
तब का सच पर अब का सपना
क्या है सच? क्या है सपना?
या सब है सच पर जैसे सपना

आकाश माटी, समय चाक
और चेतना करे कल्पना
ये उभरा, ठहरा, लो! वो टूटा
उसका इक और खिलौना

25. 'Satyam Shivam Sundaram'

"I do not know what I may appear to the world, but to myself I seem to have been only like a boy playing on the shore, diverting myself in now and then finding a smoother pebble or a prettier shell than ordinary, whilst the ocean of truth lay all undiscovered before me."

– Sir Isaac Newton

The primordial energy—the eternal dark
That which pervades all—the conscious dark
The dark when kindles creates
The Creation when dwindles leaves no trace

That which evolves in a trance
That which involves at a glance
That which when chimes is time
That which itself is beyond time

That which is alpha, that which is omega
That which is singularity, that which is polarity
That which is Yin, that which is Yang
That which is the din, and the Big Bang!

That which looks through the other
That which stares through the mirror
That which is the prompter, and the player
That which is the stunt, the stage, and the seer

That which has no form
That which only transforms
That which simmers beyond zero
That which shimmers in every hero
That which is mountain peaks
That which birds carry in beaks
That which is the cause
And the Cosmos!

That which is the hollow extreme
That which is the intelligence supreme
That which is the nothingness rife
'Sat-Chit-Aanand'– that which is the basis of life

The empty, treasures abound
The infinity, waiting to be found
'Aum'– that which is the sound divine
The serpent infinite coiled up in thy spine

That which is *'Praan'*
That which is *'Nirvaan'*
That which has no abode

To which the existence is an ode

'Brahmn'– the Vedas hail
'Shiv'– the mortals prevail
To thou I bow; erect face to face
Asketh thee to bestow grace

www.ingramcontent.com/pod-product-compliance
Lightning Source LLC
Chambersburg PA
CBHW070650240926
51846CB00003BA/858
* 9 7 8 9 3 7 5 4 3 5 9 4 5 *